조정숙 시집

소리를 접어 바람의 노래를 불러요

소리를 접어 바람의 노래를 불러요

인쇄 · 2025년 12월 10일 | 발행 · 2025년 12월 16일

지은이 · 조정숙
펴낸이 · 한봉숙
펴낸곳 · 푸른사상사

주간 · 맹문재 | 편집 · 김수란, 지순이
등록 · 1999년 7월 8일 제2-2876호
주소 · 경기도 파주시 회동길 337-16(서패동 470-6) 푸른사상사
대표전화 · 031) 955-9111(2) | 팩스 · 031) 955-9114
이메일 · prun21c@hanmail.net
홈페이지 · http://www.prun21c.com

ⓒ 조정숙, 2025

ISBN 979-11-308-2345-4   03810
값 12,000원

- 저자와의 합의에 의해 인지는 생략합니다.
- 이 도서의 전부 또는 일부 내용을 재사용하려면 사전에 저작권자와 푸른사상사의 서면에 의한 동의를 받아야 합니다.
- 이 도서의 표지와 본문 레이아웃 디자인에 대한 권리는 푸른사상사에 있습니다.

이 책은 울산광역시, 울산문화관광재단의 '2025년 예술인 창작준비금 지원사업'의 지원을 받아 발간되었습니다.

푸른사상
시선
220

소리를 접어
바람의 노래를 불러요

조정숙 시집

| 시인의 말 |

바람이 불고 구름이 흐르고

나는 강을 따라 걷습니다.

시와 함께한 나날들

상처의 무늬와 겹쳐

매듭을 짓고 보니 부끄럽고

한편으로 시 안에 뿌리내린

세상이 고맙습니다.

2025년
조정숙

| 차례 |

■ 시인의 말

제1부

노을 다비 13
구름문에 듭니다 14
국화를 읽다 16
나무 도서관 18
행운목 20
고시텔 21
팬데믹 도시 22
아파트 명함 24
쥐꼬리 26
얼음폭포 27
얼음꽃 28
시식하다 30
풍경 1 31
풍경 2 32

제2부

등불을 켠다 37
만 갈래의 소리 지느러미를 타고 38
문비 앞에서 40
소리를 접어 바람의 노래를 불러요 42
압화 44
명태 46
벽과 문 48
사마귀 49
파꽃 50
붉은 반란 51
알약들 52
의자 54
이동 학습 56
얼룩말의 발목 58

| 차례 |

제3부

빨갛다	61
동백꽃 지는 날	62
서출지에서 빗방울을 듣다	63
암각화의 대왕고래	64
꽃게야, 너 이제 죽었다	65
돼지감자는 억울해	66
오리 가족	68
은행나무	70
첫사랑	72
추전역	74
허수 아버지	75
우주는 둥글다	76
휘어진 것들	77
작약꽃 생각	78
장생포 수국	80

제4부

초승달 눈시울 83
감실 부처 84
괘종시계 86
능소화 88
바람의 뼈 90
쇠비름 꽃 91
빨리 기도 92
아버지의 바다 94
엄마 소식 96
제비꽃 98
직박구리의 노래 100
똘똘이 102
나무 내시경 104
충령당에서 105

■ 작품 해설 문(門)의 존재론―맹문재 107

제1부

노을 다비

보리똥나무 그늘 아래 잠시 머물다 갔습니다
검붉은 단풍나무 그림자도 함께 있었습니다

남편 등본은 살아서 '이하 여백'이었습니다
아내는 붉은 유령 글자와 살았습니다

남편의 청동빛 핏줄 이력엔 흰 수수꽃이 피었다 졌습니다
노을이 먼저 와서 아무도 미워하지 않는 생의 관뚜껑을
닫아주었습니다

하늘 공원으로 조문 가는 새 떼가 불타는 노을을 떠메고
갔습니다

보리똥나무 그늘 아래 잠시 머물다 갔습니다
검붉은 단풍나무 그림자도 함께 있었습니다

구름문에 듭니다

운문사에 와서
배롱나무에게 안부를 묻습니다
새 떼는 날아와 구름문에 듭니다
나는 묵언을 외우며 길을 묻습니다

물은 바람 소리를 내며
바람의 걸음을 따라갑니다

내게서 떠난 시간이
솔바람 길을 남기고 사라지면
내게 오지 않은 시간이
배롱나무 꽃등을 달고 와서 머뭅니다

바람은 새의 울음을 담아
새의 날갯짓을 따릅니다

곡진의 기원이 운문에 들어
풀잎의 눈으로 깨어납니다

아직도 나는 길 위에서 서성이는데
운문은 산문에 들고
구름은 구름문에 듭니다

국화를 읽다

해를 품은 별의 정원

경주 고분군에 시집온 국화를 읽는다
꽃에 붙잡힌 마음 떨어지지 않는다

황룡사 9층 목탑으로 정장한 국화
뿌리는 어디로 일자리를 찾아 떠났나
줄기는 어디서 밤을 새우고 있나

가을과 겨울 사이
흰색에서 분홍 노랑으로
국화는 황룡의 기색을 살핀다

국화의 한 시절은 어떤 길이었는지
제 안에서 흘러나와 빛을 끌어당겨
색색이 빛나는 향기로 그윽하다

고분과 고분 사이

분홍에서 흰색 흰 분홍으로
어긋나도 아무렇지 않게 곁에 붙어 있다

가을이 국화의 꽃그늘을 당긴다
꽃에 붙잡힌 마음 떨어지지 않는다

나무 도서관

나무들의 책이
여기저기 꽂혀 있어요
봄처럼 신간도 도착했어요
새가 열람석을 차지하고
한 걸음 다가가자
침묵하던 책들이 눈을 떠요
햇볕은 때죽나무 종꽃을 울리고
바람은 아카시아 향을 뿌려요
다람쥐가 참나무 꼭대기에 올라 책을 꺼내요
책 속 도토리 이야기가 맛있나 봐요
서어나무를 대출한 고라니는 서서 책을 보네요
나도 그 앞에서 한 장 한 장 넘겨봐요
입술에 닿는 솔 내음이 시가 되고
페이지마다 달, 별, 바람, 비, 꽃의 언어를 포옹하네요
시간에 발효된 자리마다 피어나는 문장들
발이 움직일 때마다 꿈을 키워요
나는 공벌레같이 쪼그려 앉아
서가에 꽂혀 있는 나무들의 계절을 읽어요

풍경을 어루만지는 바람의 노래가 들려요
빛을 끌어당긴 뿌리가 길을 열어요

행운목

빗소리가 농성 중인 골목길에
행운목 한 그루
이삿짐 트럭에 실려 온다
행운목이 빗소리의 발걸음을 따라
반지하 방으로 내려간다

젖은 발목들 흘러 다니는 창문
낡은 환풍기는
먼지 옷을 입고 삐걱거린다
거미는 제집의 중심을
온몸으로 움켜쥐고 있다

빗방울이 현관문 두드리는
소리를 들으면서
행운목은 자다 깨다를 반복한다
더 이상 내려갈 수 없다고
행운목이 주저앉는다

고시텔

방이 눈을 뜬다
흑색 소음이 천장을 뚫고 들어온다
버려지는 것들은 입을 다문다

잠의 블랙홀이 눈을 감는다
등 굽은 지느러미가 흐느적거린다

출입문이 길을 잃고
자물쇠는 상중(喪中)이다

가벼운 도깨비들
들어왔다 사라진다

무거운 유령들
건물에 숨죽이며 바글바글거린다

팬데믹 도시

몸이란 얼마나 착한지
자물쇠를 잠그질 않는다
피로 가득 찬 시험관처럼
보이지 않는 침입자가
온 세상을 휘젓고 다녀
도시는 입을 다물었다

매연에 물든 하늘 아래
잿빛 슈트를 입고
눈만 회색 도시를 흘러갈 뿐
입과 코는
어디에 두어야 하나
막막함이 길에 고여 있다

부서진 시험관에서
쏟아져 나온 숫자
파란처럼 번져가는 암호를
캐내지 못하고

발목 잡힌 마스크에
햇살도 얼어 붙었다

아파트 명함

아파트가 명함을 찍어 다닌다
진달래 개나리 무궁화 복지 아파트……

아파트도 명함의 감정을 가졌다
푸르지오 미소지움 e편한세상 자이 한우리……

명함에는 생각이 많은 아파트가 있다
타워팰리스 캐슬베네치아 아카데미스위트 미켈란쉐르빌
영종하늘도시유승한내들스카이스테이……

감정과 생각이 갈라질 때
아파트는 명함을 바꾼다

한우리에 살던 부부가 어느 날 헤어지면
이 편한 세상은 저 불편한 세상이
미소는 미움으로 푸르지오는 슬프지오가 된다

비가 오고 바람이 지나갈 때마다

아파트는 신음 소리를 명함에다 새긴다
벽이 금을 타고 나온다

쥐꼬리

쥐가 꼬리로 감자를 끌고 간다

쥐가 꼬리로 병 속에 든 콩기름을 빨아 먹는다

쥐가 꼬리로 전깃줄에 매달려 허공을 횡단한다

쥐가 꼬리의 탄력으로 뛰어 발코니에 오른다

쥐꼬리가 생에 물려 아픔을 끌고 간다

쥐가 물물(物物)에 빠져 허우적거리면 바닥을 잡고 견딘다

하루 또또…… 로또를 긁어댄다

쥐 독하다

샐러리맨이라고 샐러리만 먹고 살 수 없듯이
쥐뿔보다 쥐꼬리로 살아가는 생은
산초 열매처럼 눈동자가 까맣게 빛난다

얼음폭포

얼음골 얼음폭포
한 폭의 거대한 절벽
물길은 서 있고
계곡을 울리던 물소리 입을 다물었다

폭포는 멈춰서 흐른다
흐름과 멈춤 사이
소란과 고요로 근육질 너테가 되고
물의 뼈는 경계가 없다

폭포는 얼음에
흰 등을 켠 채 벽에 눈을 맞추고
들리지 않는 외침으로
기도처를 만들었다

켜켜이 더께 진 얼음 속에서
둥글게 번지는 빛의 물결
흐르는 물의 내림이
껴안고 엉켜 겨울 속 봄을 만진다

얼음꽃

산을 오른다
고사목이 발목을 잡는다
걸어온 자리가 얼어붙는다

계절 밖으로만 달아나던 나무
칼바람이 눈꽃 잎을 흩뿌린다

기억이란
볼 수도 만질 수도 없는 것

상고의 시간이
하얀 눈꽃을 입고 간다면
나는 일각고래의 뿔을 달고
빙하의 시간을 건너가고 싶다

손을 내밀면
계절의 투명한 열매가 만져지고
지나온 날이 얼어버려

나아갈 날이 공중에 머문다

산을 오른다
고사목의 시간이 물을 따라 흐른다

시식하다

시식 코너에서
이쑤시개 꽂힌 물만두를 우물거리는 여자

한 개 뚝딱 집어 아들 입에 넣어주고
떡갈비 코너로 이동한다

나도 그 엄마처럼
인터넷 시장 열린 시식 코너에서
시들이 눈에 보이면 널름 주워 삼킨다

이름만 넣으면 따라 나오는
시인들의 좌판에는 여러 가지 맛의
시가 쌓여 있고 발품 팔고 카트 밀지 않아도
손가락 몇 개만 까닥거리면 마음의 허기를 달랜다

시를 팔아 밥을 살 계산을 하지 않았지만
시라도 먹어야 우리는 살아 숨 쉬지 않겠나

풍경 1

햇살이 모여든다

점자를 더듬어가듯
자식을 떠올리는 노인들
해바라기처럼 졸음에 젖는다

겨우내 살갗 비늘을 떼어내고
덧옷 속에서 몸들은 분해된다

겨드랑이가 간지러워 웃는다
배고픔이 도둑고양이처럼 온다

땅의 단내가 목구멍을 채우고
제비꽃이 콧구멍을 연다

무료 급식소 가는
노인들 따라 햇살이 졸졸 따라간다

풍경 2

양지공원 옆
감나무가 사는 집

그 집보다 더 오래 산
허리 굽은 할머니

공원 옆 공터에
유모차를 끌고 가서

호박씨 꼭꼭
서리태 꼭꼭

상추 모종 꾹꾹
깻잎 모종 꾹꾹

기억이 꽃 진 자리마다
눈 감으면 살랑이는
봄을 심는다

감나무 가지에 물 오르면
새순이 태어난다

제2부

등불을 켠다

지갑 열어
보시하겠다고
불경을 설거지 그릇 씻듯
닦겠다고
손을 모았다

잠시 후
다시 손을 비볐다

자식 잘되게 해달라고
재물 들어오게 해달라고
건강하게 오래 살게 해 달라고

등불을 켠다

대웅전 앞 부처가 왔다 갔는지
진돗개가 대가리를 좌우로 흔든다

그래도 등불을 켠다

만 갈래의 소리 지느러미를 타고

수행 중인 물고기 떼
너덜겅 비늘을 달고
석어(石魚)의 아가미로
바람의 문을 여닫네

하늘길 가는 낮달 따라
흔들리며 걷는 나무

흔드는 바람의 경전에
생이 목말라 손을 비비네

바람이 돌을 두드리면
통 통 통 튀는 돌의 노래에
만 갈래의 소리 지느러미를 타고
저물녘 바다로 흘러가네

하늘 문 여닫는

만어사 풍경 소리
만어사 독경 소리

문비 앞에서

장항리사지 쌍탑 마주 서서 걷습니다
바람이 탑을 돌다 갑니다

시간이 삶에 주름을 넣으면
탑은 시간의 무늬를 새깁니다

나무는 평생을 서서 걷습니다
꽃은 허공에 매달려 순간을 새깁니다

구름이 토함산 기슭에 머물다 갑니다
무게 없는 잠을 달고 꽃잎이 떨어집니다

문이 시간을 엽니다
돌이 문을 닫습니다

돌이 문고리를 답니다
탑이 문고리를 당깁니다

바람이 탑을 돌다 갑니다

장항리사지 쌍탑 마주 보며 걷습니다

소리를 접어 바람의 노래를 불러요

적천사에 가면
은행나무 두 그루 일주문처럼 살아요
가지마다 지팡이를 짚고
어머니, 어머니의 어머니 기도가
노란 사리를 쏟아내어요
별비는 그림자의 무게를 서러워하고
멧새가 휘추리와 애채 사이를
구겨진 울음으로 건너다녀요
은행나무는 말 없는 법문을 펼쳐요

열린 요양원은 섬이에요
돌부리 살피느라 꽃을 지나쳐요
어머니는 절룩거리며 옛날을 찾아가요
몸이 무너지는 것은 계절 탓만이 아니에요
열매를 키워낸 생은
바람에 날려가는 시간이에요
한 생애를 세우기 위해서는
허물어야 할 것이 은행알만큼 많아요

어머니의 시간이 강물처럼 흘러요

은행잎은 소리를 접어 날려요

어머니의 묵언이 바람의 노래를 불러요

압화

책 속에 꽃이 발견되었다
책을 읽으며 꽃밭을 지났을 때
금강초롱 틈새로 뛰어들고
책은 문을 닫았다

분홍빛 울음을 토하며
종이처럼 얇아지는 동안
꽃은 피를 말리고

계절이 계절을 덮고
시간의 어둠에 갇혔다고 생각하는

책갈피 사이
글의 생각과 엉켜 있는 꽃의 얼굴

무게에 눌려 살다 죽은 생이
다시 꽃이 되는 것이라면
비유가 아닌 시간 그대로

나 다시 태어났으면 하고 생각하는

책갈피 사이
책의 생각과 누워 있는 꽃의 얼굴

책의 꽃!

명태

남해 식당 주인 여자는
도마가 금이 가도록 칼질을 한다

바다를 따라가 오지 않는 남편 기다리며
명태와 함께 예순의 해가 갔다

쿠릴 열도의 한류를 타고 내려와
끓는 물에 몸을 푸는

명태는 식당 안에서
곰삭은 욕과 밥숟가락에 얹힌다

명태의 내장을 끄집어낸 자리
바닥이 비린내로 축축하다

식탁에 꽃물이 번지고
도마 위 야채가 풀어지는 시간

배고픔이 기웃거리는 밤
잘라낸 대가리가 고양이를 데리고 간다

벽과 문

벽은 열어야 할 문
문은 빛을 여는 길

허공 끝에 달린 꽃망울
문을 열고

빗장 풀린 구름 따라
번개는 구름 사이로
반짝 길을 내고

벽은 열어야 할 문
문은 어둠을 닫는 길

무게 없는 눈꺼풀을 달고
꽃잎 하르르 떨어지고

물살 거슬러 올라온 연어
하늘 정원으로 날아간 새

벽과 문을 열어 길을 찾아가고

사마귀

사마귀가
허공을 붙들고 있다

사마귀가
공중그네를 탄다

갈색 생명줄이
손발을 비비며 애원한다

흙이 손을 내민다

길이 돌아선다

사(死)마귀가 입을 벌린다

땅에 죽음의 성찬을
차려놓고 떠난 사마귀

개미 떼가
달려와서 물고 간다

파꽃

시간의 초점에
맺히는 것은 아프다

꽃은 매달려
허공에 손을 내민다

꽃은 균형에 골몰하면서
물구나무를 선다

꽃은 생의 시계추를 달고
눈물을 안으로 밀어 넣는다

수평에 세운 수직의 결기
꽃은 바람의 매를 맞는다

시간에 초점을
맺는 것은 아프다

붉은 반란

겨울나무와 함께
병원 앞에서 푸른 신호등을 기다린다

머리를 쥐어뜯는 손이
들숨과 날숨 사이의 핏줄을 더듬는다

뇌하수체 반란으로 비닐 호스로 낸 소변길
아픔을 방울방울 토한다

겨울을 녹이는 잎
나무가 빛을 먹는다

물길 트는 나무의 시간
꽃이 피고 꽃이 진다

아픔에 꽃이 피는 길
슬픔에 꽃이 지는 길

피 흘리지 않는 생이 없다

알약들

동그란 알
또르르 굴러 내 손에 들어오더니
몸에 새겨진 글씨 보이며
숫자 걱정하지 말란다

타원형 알
뒤뚱거리며 걸어오더니
알파벳으로 새겨진 문신 들이밀며
자신의 할 일을 말한다

하트 모양 콩코르 알
괜찮아 괜찮아 하며
내 심장에 찾아온다

갈색 캡슐 알
투명 비닐 안에 누워
밤새 눈을 비비며 불면을 속삭인다

생의 아픔을 들여다보는 알들
걱정을 삼키는지, 녹이는지
내 마음을 헤집는다

의자

의자가 춤을 추어요
선생님이 돌아보아요
의자는 팔을 다리 삼아 서지요
무게를 견디지 못해
팔이 꺾이고
다리가 사라져요

말해주세요, 의자를 내려놓으면 벌이 끝나요

빙빙 도는 의자
날아다니는 의자
의자 밑에 깔린 의자
먹고 잠만 자는 의자
앉을 생각만 하는 의자
아무 생각도 없는 의자
앉은 자리에서 걷는 의자
삐걱삐걱 관절염 앓는 의자
의자인 줄 모르는 의자

말해주세요, 사는 게 죄여서 벌을 받나요
말해주세요, 삶을 사랑해서 벌을 받나요

이동 학습
— 어린 코끼리

건기와 우기를 오가는 사바나
코끼리 발바닥은 걸음 문자
퍽퍽한 길 너머 흙먼지의 시간을 기록한다
쓸려왔다 밀려가며 바닥을 받치는
초식성 꿈이 하얗다

허공이 습기를 먹어치우자
코끼리는 초원과 늪을 찾아 이동을 한다

코끼리 기둥과
코끼리 벽과
코끼리 집을,
따라가는 어린 코끼리

서쪽 하늘이 붉어지면
콧바람 울음의 주름들이
소리를 접어 올린다
걸음이 흙먼지 길을 낸다

코끼리는 발바닥 지도에 이동 문자를 남긴다
어린 코끼리가 따라간다

얼룩말의 발목

누 떼를 따라가다 얼룩말의 발목이 부러졌다
뒤처져 덤불 속을 헤매다 사자 무리에게 갇혔다
사자들은 얼룩말의 숨통을 조이면서 서서히 뜯어 먹는다
얼룩말은 울지도 않고 발버둥도 치지 않고 눈만 껌벅거린다
엉덩이 배 창자의 생살 냄새가 사자의 송곳니를 타고 사라진다
물기가 빠져나가고 눈이 사라지고도 숨은 땅에 누워 있다 떠났다

생은 무게에 눌려 살다 끼니의 표적이 되는 일인지
기억의 틈 사이로 들쑥날쑥 돋아나는 신음 소리
아래로 꺾인 고개는 다시 치켜세울 수 없었다
붉어진 향기를 운구해 가는 새들의 행렬이 이어지고
꽃이 된 얼룩말 한 줄기 석양이 토닥인다

사자는 전리품처럼 얼룩말 발목만 남겼다

제3부

빨갛다

 식목일에 나무를 심으러 갔다 산에서 토끼와 마주쳤다 어찌할 바를 모르는 토끼 한 마리를 향해 아이들이 소리를 질렀다 어린 토끼는 달아나지 않았다 잽싸게 달려간 남학생이 토끼 귀를 잡아 들어 올렸다 토끼는 빨간 눈으로 우리를 쳐다봤다

 강변에 어린 백로 한 마리가 서 있다 어미를 잃었는지 물에 휩쓸려간 둥지를 찾는지 산책로에서 서성거리는 노란 발을 머리에 이고 있다 밤새 울었는지 눈이 빨갛다

 텔레비전을 보거나 인터넷을 하거나 책을 보거나 하는 일상 중간중간에 무언가가 들어 왔다 사라진다 두려움도 아닌 욕망도 아닌 허상이 남을 뿐이다 아무렇지 않게 사는 나를 바라보는 눈이 빨갛다

동백꽃 지는 날

눈 비비며 기지개 켜던 구절초
하나, 둘 떠나가고

동백나무 홀로
먹구름 하늘을 바라본다

까마귀 한 마리
집 나간 사람처럼 방에 들어왔다 가고

옹이 빠진 마루 구멍 속
거미가 집을 만들어
고양이를 부른다

주인이 떠난 집
동백나무는 꽃망울을 키웠다

동백꽃 떨어지는 날이면
빈집 가득 붉은 꽃상여가 놓인다

서출지에서 빗방울을 듣다

꽃이 피는 길
천년의 물잠
고요가 저녁으로 번져
오리는 연못을 가르고
자라는 돌 위에서 졸고 있네

파란 하늘에 먹구름
빗방울 똑, 연못 속으로
빗방울 톡, 이요당 머리에
빗방울 뚝, 연꽃 얼굴에
빗방울 툭, 유월의 저녁에
듣네

암각화의 대왕고래

바위 속에 살던 바다가
귀신고래 흰수염고래 혹등고래
새끼 업은 엄마 고래들을 모아
대곡천에서 자맥질하다

암벽을 타고
하늘로 날아오른다

바다로 가고픈
대왕고래만이 암벽을 내려온다

선사시대 고래 울음소리에 귀 기울이며
멸종위기에 처한 고래들 살리기 위해

햇살 업은 태화강 따라
북해의 파도 소리 찾아
장생포 바다로 되돌아간다

꽃게야, 너 이제 죽었다

네 마리 만 원
다섯 마리 만 원
톱밥 이불 덮고 자는 꽃게

아주머니
꽃게가 죽었나 봐요

죽긴 뭐가 죽어
야들아 일나라 일나라
손님 왔대이
잠 깨라 탁!탁!탁!
너거들 보고 죽었다 안카나

어리버리
선잠 깬 꽃게
기지개를 켠다

아주머니, 여기 돈
꽃게야 너, 이제 죽었다

돼지감자는 억울해

이름이 와 이런교
누가 날 뚱딴지라고 부르는교
무관심 속에 무심하게 자란다고
아무렇게나 이름을 붙였는교
내 이름을 알아보지 못하는 난
돼지감자로도 불린다 아인교
돼지만 먹으라고 돼지감자인교

꽃 시들고 잎 마르면
오골오골한 놈들이 돼지 새끼같이
떼거리로 몰려 나온다고 돼지 감자인교
발이 엉뚱해서 뚱딴지인교

내 얼굴이 그리 못생겼는교
찡그린 듯 하얗게 웃는
무관심 속에 완벽하게 자라는 난
모린다 또 하나의 내 얼굴
같은 모양이 하나도 없다 아인교

울퉁불퉁 못생긴

돼지도 모르는 돼지감자

뚱단지 야인교

오리 가족

어미 오리와 새끼 오리들 물을 걸어 나왔다

저리 가,
손을 내저어도 오리들은 자꾸만 앞서가고
어쩌자고 저 여린 것들이 여기까지 닿았나
자동차 눈동자가 커진다

쓰다듬는다면
저 작은 몸이
저 뜨거운 몸이
이런 상상은 귀엽지 않다

초록을 머금은 저 개울을 어떻게 벗어났을까
대책 없는 외출에 입술이 탄다

어미 따라
중앙선 따라

떨어지지 않고 졸~졸~졸~

저리 가, 저리
이런 말은 조금도 멀어지지 못하고
엎드려 벌벌 기는 자동차
도로를 뒤뚱뒤뚱 건너는 오리 가족

은행나무

천태산 영국사에
은행나무 한 그루
해탈문처럼 서 있어요

지팡이를 여러 개 짚고
가을에는 법의를 갈아입으며
사리를 쏟아내지요

멧새가 포롱포롱 건너다녀도
가릉거리며 주르르르르
말 없는 법문을 펼쳐요

은행나무 곁을 거닐면
살아 있는 모든 것은
둥글게 익어가요

신발에 질척거리며 붙는 살냄새가
삶의 무게만큼 힘겨웠지만

사랑은 구린 냄새를
삭히고 찾아와요

첫사랑

흙투성이 씀바귀
회색빛 하늘에 그늘이 진다

번개는 구름 사이로
길을 깜짝 비추다
천둥소리에 놀라 숨바꼭질을 한다

흙냄새 일고
벌레들이 투닥투닥

소소리바람 불어
선잠 깬 풀잎 눈을 비빈다

소름 돋는 흙 마당
탭댄스 추는 빗방울

나뭇잎은 혀를 내밀지만
쿵쿵 가슴만 밟고 가버린

사춘기 그 애의 발걸음 같은
여우비

추전역

하늘 아래 첫 정거장
태백선 간이역에
기차가 도착했어요

노을과 구름을 싣고
바람을 태우고 달려 왔어요
역 앞 커피숍 의자에
안개가 마중 나와 있기도 해요

따듯한 햇살 한 줌
흰머리 휘날리는 억새풀
춤추는 바람개비가 먼저 와
역에서 기다리네요

석탄 기차를 맞이하던 역
역은 들꽃을 보면서 늙어가네요

허수 아버지

번개가 다녀가고
하늘이 번쩍 길을 냈다
폭풍이 구름 머리채를 흔들자
어둠 속에서 비명이 터졌다

아이들은 깊숙이 몸을 움츠렸다
등줄기가 터질수록 깡마른 팔 밑에서
팽팽하게 부황 든 등을 의지하며
캄캄한 아우성에 숨을 죽였다

발목에 힘을 빼선 안 돼!
바람에 갈기갈기 긁힌 몸으로
양팔에 중심을 잡은
찢어진 셔츠로 바람을 막는다

우레와 번개가 한바탕 춤을 출 때마다
거친 손으로 머릿결을 쓰다듬는
검버섯이 화인 자국처럼 핀
낡은 모자 속에 가려진 아버지의 얼굴

우주는 둥글다

업는다
아픔과 슬픔을
업는다
예쁨과 기쁨을

꽃은 나비를 부른다, 업어준다고
애벌레는 배추를 찾아간다, 업어달라고
강물은 오리들을 둥둥 업어 달랜다
달팽이는 집을 업고 이사를 간다

자식을 업다
굽은 등
어머니의 몸

소금의 날을 업고
삼키며 흘린
어머니의 눈물

업는 것은 둥글다
우주는 둥글다

휘어진 것들

무풍한솔길
노송들 비스듬히 기울어 있습니다
지팡이를 짚고 바위와 대화하는 나무
허리를 굽혀 물속에 자신을 비춰보는 나무

휘어진 것들은 뭉클합니다

이쪽에서 저쪽으로 넘어가는 것은
그늘을 따라 빛이 가는 길인가요

소나무들은
비어 있는 쪽으로 기웁니다

휘어진 것들은 뭉클합니다

허리가 굽어진 어머니들
통도사 노송처럼 몸 낮추고 숙여
제자리로 가고 있습니다

작약꽃 생각

강변 산책로 아파트에
노을이 걸렸습니다
할머니 희끗희끗한 머리 뒤로
작약꽃이 보였습니다
붉어지는 얼굴에
함께 걷던 강물이
왜 그러냐고 물어도
그 모습 사라질까 봐
그 냄새 달아날까 봐
생각을 모으고 있었습니다

꿈꾸며 일렁이던 시간이
자갈밭을 걸어왔다 해도
함께할 생각이었다면
할머니의 소녀는
작약꽃으로 피어납니다
붉어지는 마음에
따라가던 발걸음이

왜 그러냐고 물어도
그 소녀가 사라질까 봐
그 시간이 달아날까 봐
생각을 모으고 있었습니다

장생포 수국

노래교실 합창단이 노래를 부른다
횡격막 아래 가라앉았던 꽃씨들
목젖을 타고 올라와 꽃을 피운다

장생포 고래마을 수국
머리와 머리를 맞댄
어깨와 어깨를 맞댄
입꼬리가 올라가고
손끝이 뜨거워진다

두 손을 머리 위에
주먹 쥐고 와 와 와
손뼉 치며 짝 짝 짝
난분분 춤을 춘다

분홍, 보라, 파랑, 하양의 꽃노래
장생포 바다에 울려 퍼진다
고래들의 박수가 쏟아진다

제4부

초승달 눈시울

 빈집이 걸어오는 저녁입니다

 거미줄 이슬방울, 부서진 기왓장, 굴뚝을 덮은 담쟁이, 늙어가는 나무 의자, 하얀 망초꽃 핀 마당이 인사를 합니다

 자식 없는 큰할머니는 쥐며느리처럼 웅크리고 살았습니다 밤이 오면 가버린 날과 오지 않는 날이 물처럼 흘러갔습니다

 옹기종기 모여 앉은 불은 꺼지고 함께하던 이들은 저마다의 자리를 찾아 떠났습니다

 고양이 울음, 바람의 걸음 소리, 빈집이 문을 열고 일어나 귀를 엽니다 이편과 저편에서 앓는 소리를 냅니다 어디서 왔는지 체념이 방 안에 들어찹니다

 빈집이 누군가를 기다린다고, 하늘이 호명한 이름들 새벽 초승달에 눈시울이 젖습니다

감실 부처

몸뻬에 고무신 끌며
젖은 길은 발목으로
마른 길은 돌을 차며
흙먼지를 밟고 갔지요

새벽 장에 나물 보따리 이고 가
한낮 난전 흘린 짠물에 목말랐던가요
팔지 못한 것들 남 다 줘버린 저녁엔
애달파서 눈물 마셨던가요

타는 노을 보며 어머니 기다리던
산동네 배고픈 자식들 걱정되어서
늦은 귀가에 울음 삼켰던가요

어머니,
봄바람에 꽃잎 날려 그리움이 잦아들면
바람의 합장 소리 대숲 길 따라 흐르는

경주 남산 감실을 찾아가겠어요

어머니,
이승의 탁발, 햇살 공양으로 받아 가면
감실에 앉아 세상 자식들 이야기 들으며
그윽한 미소로 품어주시겠지요

괘종시계

괘종시계의 계절은
순둥이 삽살이와 한나절을 놀아도
감나무 밑에서 소꿉놀이를 살아도
똑딱똑딱 제자리걸음

겨울밤
어머니는 밤새 속바지를 뜨고
할머니 이야기는 스웨터 실처럼
나달나달 풀려 나와도
괘종시계의 시간은
똑딱똑딱 제자리걸음

시계가 새끼를 쳤다
벽 탁상 손목 뻐꾸기 디지털
줄줄이 태어났지만
괘종시계의 소리는
시간의 알을 먹는다

엄마가 되고
할머니가 되는 시간을
누가 데리고 갔는가
괘종시계는 똑딱똑딱
시간의 비밀번호를 말하지 않는다

능소화

어머니는 늙어갔네

거울에 금이 가고
아이들은 커가고

옷을 벗으니
방 안에 뿔이 돋고 능소화가 피고 있네

살이 돋고
꽃은 숨을 내쉬고

시간 속에서 맺은 울음마다
손 뻗어 허공을 붙잡네

옷을 입으니
몸살이 다녀가고 능소화가 지고 있네

몽우리째 사르는 날들

아이들은 떠나가고

어머니는 늙어갔네

바람의 뼈

도가니 태워 집 안이 뿌옇다
뼈다귀 우린 국물이 훨훨훨 날아갔다

아버지는 화장터에서
베옷 걸치고 구름에 올라탔다

가끔 오는 자식들
계절로 찾아왔다 가버리고

무릎에 구멍이 숭숭
걸었던 길들이 흩어지고 사라진다

겨울 바람비 절룩거리며 내렸다
바람의 뼈가 윙윙윙 울었다

쇠비름 꽃

뽑은 자리 돌아보면
어느새 무성한 풀
풀뿌리에 지친 호미질

여름이 다 가도록
넓은 콩밭에서
백로처럼 움직이던 수건 쓴 머리
땀에 절은 까만 얼굴
어머니의 모습이 보이지 않는다

불볕에 타버렸는가
민들레 꽃씨처럼 날아가버렸는가
지렁이와 같이 땅속에 들어갔는가

돌아오지 않아 찾아 나선 밭고랑
쩍쩍 갈라지고 구부러진 손
분신으로 남은 호미 자루 쥐고
쇠비름 노란 꽃으로 피었다

빨리 기도

고향 집 안방에
쪼그려 앉아 올리는 기도
키우던 강아지가 집을 나갔어요
엄마가 위독하다 빨리 돌아오라고
강아지 집은 윗마을 꽃나리 7길에 있어요

날마다 한 뼘씩 키를 줄이며
민달팽이처럼 엎드려 올리는 기도
고양이가 며칠째 안 보여요
엄마가 애타게 기다리니 빨리 오라고
고양이 집은 윗마을 꽃나리 7길에 있어요

낡고 물 빠진
빈 포대 자루처럼 앉아 올리는 기도
배추가 안 크고 고추가 비실비실 아파요
빨리 크고 나았으면 고맙겠습니다
배추와 고추밭은 윗마을 꽃나리 7길에 있어요

빨리 기도에
마음을 돌린 강아지와
가출해서 돌아온 고양이와
잘 자란 배추와 붉게 나은 고추로 만든
김장김치가 할머니와 느긋하게 겨울을 납니다

아버지의 바다

아버지가 술에 취해 계엄군처럼
집을 차지한 날은 갈 곳이 없었다
술 심부름을 잊어버리고
가게 앞에 가면 눈깔사탕이 쳐다봤다
호주머니 속 동전이 짤랑거리는 소리를 냈다

어둠이 짙어가는 부두를 어슬렁거렸다
바닥에는 죽은 물고기가 나뒹굴었다
술에 취한 어부들이 붉은 얼굴로 지나갔다
방파제에는 갈매기들이 날개를 접고 잠을 잤다
바닷가에 앉아 바다를 바라보았다
나는 바다를 보며 벙어리가 되어갔다
푸른 바다가 검게 물들었다

술 좋아하던 아버지는 하늘에 올랐다
막막할 때면 검은 바다가 어른거렸다
창밖에서 바람이 창을 두드렸다
애증이 파도로 출렁거렸다

어릴 적 바다는 나를 떠나지 않고 따라왔다
아직도 떠나보내지 않은 바다가 있었다

엄마 소식

엄마는 햇볕을 따라다녔어요

이불을 말리고
베갯잇을 말리고
운동화를 말리고
볕이 가지 않으면 오래된 책을 읽었어요

다음 날도 햇볕을 찾아다녔어요

고추를 말리고
참깨를 말리고
가지를 말리고
볕이 가지 않으면 오빠 생각을 불렀어요

해가 서쪽으로 가면
무말랭이와 호박고지를 들고 따라가서
오지 않는 엄마

나는 엄마가 올 것 같아 창문을 열었어요

침대에
장롱에
화장대에
엄마는 오지 않고 그늘만 다녀갔어요

제비꽃

초등학교 하굣길에 동식이하고 영수는 앞서가는 영이를 따라갔다

영이가 좌우를 살피면서 저수지 둑을 넘는 걸 보았다
영이 가시나 오줌 누러 가제?
놀려 먹자 눈을 희번덕거리며 동식이가 말했다

얼레리꼴레리~
얼레리꼴레리~

둘은 둑 위에서 놀려대고 밤나무 숲으로 숨었다

오랑캐 놈들!
오랑캐 놈들!

언제 뛰어왔는지
영이는 제비꽃 한 움큼 거머쥔 손으로 동식이 팔을 사정없이 때렸다

팔뚝이 시퍼렇도록 맞았다
동식이는 싱글벙글했다
영수는 시무룩하게 쳐다봤다

제비꽃이 핀 봄날이었다

직박구리의 노래

가을이 되자
직박구리가 단풍을 닮아간다

울음이 시간에 구워져
은행알처럼 둥글어졌다

여름 한 철
집세 전기세 물세도 없이
나무집에서 새끼를 키웠다

어깻죽지로 밀어낸 새끼들
날갯짓이 노랗게 흔들렸다

새끼 떠난 성근 둥지
기름기 빠진 깃털로
가을 숲을 돌아다니는 울음

열린 요양원

어머니는 휠체어에 앉아
새소리를 감았다 풀며
자식 걱정을 뜨개질하고
저녁이면
날아가는 새 떼 소리 밟으며
하늘로 간 남편 배웅을 간다

똘똘이

18년 전
내게로 왔다
하얀 털옷을 입고
가슴에 품으면 팔딱팔딱
심장 소리가 뛰었다

작은 솜뭉치는
허리를 세운 뒤 두 손을 모으며
'주세요' 하며 주었고
왼손 오른손 건네는 법을 알았다

18년 후
식욕을 잃었고
나를 잊어버리고
똘똘아 부르면 눈물만 그렁그렁

밥그릇을 놓아두고
흔드는 꼬리도 감추고

하늘 주인을 따라갔다

길을 나서면
앞장서 가던
네가 없어서
내가 길을 헤맨다

나무 내시경

입구와 출구가 한통속
막다른 속이 궁금했다

빛이 들어올 때 잎은
솜털을 파르르 세운다
빛이 구멍을 통과해
줄기를 지나 뿌리까지 가는 동안
가지들은 소름이 돋고
불안이 울퉁불퉁한 표정을 읽어간다

빛은 어둠을 찾아
구석구석 돌아다닌다

소화되지 못한 세포와 세포 사이
벌레 먹은 생은 광합성 중이다
꽃잎은 통증으로 남고
염증을 앓는 나이테에서
부풀어 오른 옹이를 스크랩한다

충령당에서
― 영천호국원

숨소리가 잔다
팽팽한 긴장이 안에서 밖을 본다
팔랑거리는 꽃잎이 부르지만
시간이 멈추고 내 호흡도 멈춘다
산에 걸터앉은 노을
바람이 낸 길을 따라 가버렸다
언젠가 나누었던 물음표는
유리 집에서 항아리 옷을 입었다
층과 층 사이가 낯설고
그림자 없는 흔적, 적막을 덧칠한다
백자 항아리가 끌고 가는
은빛 머리 낡은 양복이 헛기침을 하며
셀로판지처럼 빛났다
열 수 없는 유리문에
자식들 이름표로 각주를 달았다
시간 속에 기억들이 가라앉고
사각 틀 속에서 웃고 있는 아버님
10534로 붙인 문에 마침표를 단다

| 작품 해설 |

문(門)의 존재론

맹문재

1.

조정숙 시인은 문(門)의 존재를 자각한 토대 위에서 그것을 여는 의미를 작품 세계로 추구한다. 문은 방문이나 대문처럼 내부와 외부를 열거나 닫을 수 있는 시설일 뿐만 아니라 등용문이나 취직문처럼 어떤 상황의 통로를 비유하는 말이다. 문전성시(門前成市) 같은 관용어나 각종 노래 가사나 마음 문이나 하늘 문처럼 다양한 상징어로도 쓰인다.

조정숙 시인의 작품들에서 문의 상징성은 여실하고 심오하다. 시인이 열고자 하는 문의 세계는 과거 현재 미래가 포함된 시간이고, 하늘에서 대지까지 연결된 공간이다. 외적인 환경 및 내적인 심리와 불교적인 법(法) 및 인간적인 법도 해당한다.

시인은 빛과 어둠의 세계처럼 두 세계의 사이에 놓여 있는 문을 열고자 한다. 자기는 물론이고 인연의 존재자에게 주체성과 생명력을 부여하려는 것이다. 그리하여 시인은 문을 여는 일을 포기하지 않고 요행을 바라지도 않는다. 시인의 그 행동은 의지를 넘어 인연의 상대에 대한 지극한 사랑이다. 시인은 그것을 지향하는 과정에서 시간과 바람과 자기 마음을 동반자로 삼는다.

실제로 문을 열지 못하는 존재자는 자신을 지키지 못한다. 가령 행운목이 반지하 방에서 "빗방울이 현관문 두드리는/소리를 들으면서"(「행운목」)도 문을 열지 못한 채 자다가 깨기를 반복하면 끝내 주저앉을 수밖에 없다. "출입문이 길을 잃고/자물쇠는 상중(喪中)"인 집에는 사람 대신 도깨비를 비롯해 "무거운 유령들/건물에 숨죽이며 바글바글거"(「고시텔」)린다.

시인의 문에 대한 인식은 "일심의 법은 또한 하나를 고집하지 아니하고, 생사의 열반은 공적하여 둘이 없으니, 둘이 없는 곳이 바로 일심의 법이고, 일심의 법에 의하여 두 가지 문이 있다."[1]라고 할 정도로 불교적인 세계를 반영하고 있지만, 종교에 함몰되지는 않는다. 그 대신 문을 열고 이 세계의 존재들을 품는다. 자본주의 체제로부터 소외되어 삶의 실제가 문 안에 있다고 여기는 사람들을, 즉 "문밖의 일은 문 안의 삶을 위하여 수행하는, 견디는 무엇"[2]이라고 여기는 사람들을

---

1 "明一心法, 亦不守一, 生死涅槃, 空寂無二, 無二之處, 是一必法, 依一心法, 有二種門." 은정희·송진현 역주, 『원효의 금강삼매경론』, 일지사, 2004, 548쪽.
2 김기태, 「일렉트릭 픽션」, 『그 개와 혁명』(제48회 이상문학상 작품집), 다산북

껴안는 것이다.

2.

    벽은 열어야 할 문
    문은 빛을 여는 길

    허공 끝에 달린 꽃망울
    문을 열고

    빗장 풀린 구름 따라
    번개는 구름 사이로
    반짝 길을 내고

    벽은 열어야 할 문
    문은 어둠을 닫는 길

    무게 없는 눈꺼풀을 달고
    꽃잎 하르르 떨어지고

    물살 거슬러 올라온 연어
    하늘 정원으로 날아간 새

    벽과 문을 열어 길을 찾아가고
                              —「벽과 문」 전문

스, 2025, 117쪽.

위의 작품의 화자는 "벽은 열어야 할 문"이고, 그 "문은 빛을 여는 길"이라고 정의한다. 문은 빛을 여는 길이기에 닫힌 문을 열 때 의의가 있다는 것이다. "허공 끝에 달린 꽃망울"이 공중의 "문을 열고" 있는 것이 그 모습이다. "빗장 풀린 구름 따라/번개는 구름 사이로/반짝 길을 내"는 데서도 볼 수 있다.

벽은 열어야 할 문이라고 정의하는 근거는 그 문이 "어둠을 닫는 길"이기 때문이다. 문을 열면 어둠의 세계가 닫히고 그 대신 빛의 세계가 열린다. "무게 없는 눈꺼풀을 달고/꽃잎 하르르 떨어지"는 것이 그 상황이다.

"물살 거슬러 올라온 연어"도 문을 열고 나아가고 있다. "하늘 정원으로 날아간 새"도 마찬가지이다. "벽과 문을 열어 길을 찾아가고" 있는 존재자들이다. 우주의 모든 존재자는 벽에 해당하는 문을 열 때 자기 존재성을 갖는다. 주체성을 견지하고 생명력을 발휘하는 것이다.

　　엄마는 햇볕을 따라다녔어요

　　이불을 말리고
　　베갯잇을 말리고
　　운동화를 말리고
　　볕이 가지 않으면 오래된 책을 읽었어요

　　다음 날도 햇볕을 찾아다녔어요

고추를 말리고
참깨를 말리고
가지를 말리고
볕이 가지 않으면 오빠 생각을 불렀어요

해가 서쪽으로 가면
무말랭이와 호박고지를 들고 따라가서
오지 않는 엄마

나는 엄마가 올 것 같아 창문을 열었어요

침대에
장롱에
화장대에
엄마는 오지 않고 그늘만 다녀갔어요
─「엄마 소식」 전문

위의 작품의 화자는 엄마의 생애를 "햇볕을 따라다"닌 것으로 비유해서 집약하고 있다. 햇볕을 따라 "이불을 말리고/베갯잇을 말리고/운동화를 말"린 것이 그 예이다. 어머니의 일상은 다음 날에도 햇볕을 따라 "고추를 말리고/참깨를 말리고/가지를 말"린다. 그러던 엄마가 "해가 서쪽으로 가"는 날 "무말랭이와 호박고지를 들고 따라"간 뒤 돌아오지 않는다.

화자는 "엄마가 올 것 같아 창문을 열"어놓는다. 창문은 엄마가 집으로 돌아올 수 있는 관문이 못 되지만, 엄마의 귀가를 환영하는 표시이다. 현관문이나 대문은 사람의 출입 기능을 하지만, 창문은 햇볕을 받아들이는 채광의 기능을 하기 때문이다. 물론 엄마의 혼령을 부른다면 창문도 대문이나 현관문 같은 역할을 할 수 있을 것이다.

    화자의 간절한 소망과 달리 "침대에/장롱에/화장대에/엄마는 오지 않"고, 그 대신 "그늘만 다녀갔"다. 화자는 엄마가 유한한 존재자이기에 집으로 돌아올 수 없다는 것을 알고 있다. 따라서 창문을 연 것은 기적을 바라는 것이 아니라 엄마를 향한 그리움을 나타낸 행동이다. 화자는 그 적극적인 사랑으로 자기의 존재성을 발휘하는 것이다.

> 적천사에 가면
> 은행나무 두 그루 일주문처럼 살아요
> 가지마다 지팡이를 짚고
> 어머니, 어머니의 어머니 기도가
> 노란 사리를 쏟아내어요
> 별비는 그림자의 무게를 서러워하고
> 멧새가 휘추리와 애채 사이를
> 구겨진 울음으로 건너다녀요
> 은행나무는 말 없는 법문을 펼쳐요
>
> 열린 요양원은 섬이에요
> 돌부리 살피느라 꽃을 지나쳐요
> 어머니는 절룩거리며 옛날을 찾아가요

몸이 무너지는 것은 계절 탓만이 아니에요
열매를 키워낸 생은
바람에 날려가는 시간이에요
한 생애를 세우기 위해서는
허물어야 할 것이 은행알만큼 많아요
어머니의 시간이 강물처럼 흘러요
은행잎은 소리를 접어 날려요
어머니의 묵언이 바람의 노래를 불러요
　　　　　—「소리를 접어 바람의 노래를 불러요」 전문

　위의 작품의 화자는 "적천사"에 서 있는 "은행나무 두 그루 일주문처럼 살"고 있다고 여기면서 그 모습을 어머니와 연결한다. 나뭇가지가 꺾이지 않도록 받침대를 댄 것을 어머니가 "지팡이를 짚"은 자세로, 바람에 떨어지는 은행잎을 어머니가 쏟아내는 "노란 사리"로 바라보는 것이다. 화자의 이와 같은 인식은 "천태산 영국사에/은행나무 한 그루/해탈문처럼 서 있어요//지팡이를 여러 개 짚고/가을에는 법의를 갈아입으며/사리를 쏟아내지요"(「은행나무」)라고 노래한 데서도 볼 수 있다.
　화자는 은행잎의 사리를 어머니의 육신에서 나온 것으로 비유하면서도 "어머니 기도"가 쌓인 결과물로 여긴다. 불교적인 세계관으로 인식하면서도 인간적인 세계관을 놓치지 않는다. 어머니의 기도와 사리의 의미는 서로 모순된다. 어머니의 기도는 사리가 상징하는 참된 수행이라기보다는 가족의 평안을 기원하는, 즉 지극히 세속적인 것이다.

어머니의 가족 사랑은 "별비는 그림자의 무게를 서러워"한다는 데서도 확인된다. 별비(別備)란 특별한 준비, 또는 굿을 할 때 목돈 외에 무당에게 행하(行下)로 주는 돈이므로 지극히 세속적이다. "멧새가 휘추리와 애채 사이를 구겨진 울음으로 건너다"니는 장면도 그러하다. 휘추리는 곧게 뻗은 가늘고 긴 나뭇가지이고, 애채는 나무에 새로 돋은 가지이다. 따라서 멧새가 휘추리와 애채 사이를 구겨진 울음으로 건너는 것은 부모와 자식 간의 애틋한 사이를 의미한다.

그런데도 "은행나무는 말 없는 법문을 펼"치고 있다. 법문은 중생을 열반에 들게 하는 문으로, 부처의 교법을 이르는 말이다. 은행나무는 세속적인 인간과는 다른 존재자인 것이다.

어머니는 "열린 요양원"에서 생활하는 것으로 유추된다. 어머니는 "돌부리 살피느라 꽃을 지나"친다. 돌멩이의 뾰족한 부분에 걸려 넘어지지 않으려고 신경을 쓰느라 꽃을 제대로 보지 못한다. 어머니의 그 모습은 "절룩거리며 옛날을 찾아가"는 것으로, "몸이 무너지는 것"으로 볼 수 있다. 화자는 그 원인으로 "계절 탓만" 할 수 없다고 말한다. 어머니를 노쇠하게 만든 원인을 외부적인 환경으로만 돌리지 않는 것이다.

화자는 "열매를 키워낸 생은/바람에 날려가는 시간"이라고 인식한다. "한 생애를 세우기 위해서는/허물어야 할 것이 은행알만큼 많"다고 여기고, "어머니의 시간이 강물처럼 흘러"가는 것을 당연하다고 생각한다. 어머니 역시 유한한 존재자이기에 한순간도 머무르지 못하고 흘러갈 수밖에 없다고, 그렇기에 어머니의 상황을 슬퍼하기보다는 자연스럽게 받아들이는 것이다.

    화자의 인식에 동의한 "은행잎은 소리를 접어" 바람에 날린다. "어머니의 묵언"도 그 "바람의 노래를" 부른다. 화자와 어머니와 은행잎은 은행나무가 전하는 법문을 깨닫고 우주의 질서에 기꺼이 따르는 것이다.

3.

    운문사에 와서
    배롱나무에게 안부를 묻습니다
    새 떼는 날아와 구름문에 듭니다
    나는 묵언을 외우며 길을 묻습니다

    물은 바람 소리를 내며
    바람의 걸음을 따라갑니다

    내게서 떠난 시간이
    솔바람 길을 남기고 사라지면
    내게 오지 않은 시간이
    배롱나무 꽃등을 달고 와서 머뭅니다

    바람은 새의 울음을 담아

새의 날갯짓을 따릅니다

곡진의 기원이 운문에 들어
풀잎의 눈으로 깨어납니다

아직도 나는 길 위에서 서성이는데
운문은 산문에 들고
구름은 구름문에 듭니다

—「구름문에 듭니다」 전문

　위의 작품의 화자는 "운문사에"서 "배롱나무에게 안부를" 물으며 하늘을 쳐다보다가 새 떼가 "구름문에" 드는 것을 발견한다. 화자는 제 길을 고민 없이 가는 새들을 바라보며 자기의 길을 생각한다. "묵언을 외우며 길을 묻"는 것이다. 또한 개울을 내려다보다가 "물은 바람 소리를 내며/바람의 걸음을 따라가"는 것도 발견한다.

　화자는 새들과 개울물이 바람을 따라 자연스럽게 문을 여는 모습을 바라보면서 또다시 자기의 길과 시간을 생각한다. "내게서 떠난 시간이/솔바람 길을 남기고 사라지면/내게 오지 않은 시간이/배롱나무 꽃등을 달고 와서 머"문다는 사실을 깨닫는다. 시간이 사라진다고 해도 시간 자체가 사라지는 것이 아님을, 그렇기에 오지 않은 시간이 와서 꽃등을 다는 현상을 이해하는 것이다. .

　화자는 시간이 지나갔거나, 시간이 오지 않거나, 시간이 현재에 있다고 단정하지 않는다. 시간을 고정된 개념으로 과거, 현재, 미래로 나누지 않고, 그 대신 자성(自性)이 없는 존재자들에게 존재성을 부여한다. 그리하여 "바람은 새의 울음을 담아/새의 날갯짓을 따"르는 것을, "곡진의 기원이 운문에 들어/풀잎의 눈으로 깨어"나는 것을 발견한다. 나라의 잔치나 제사 때 추던 정대업지무(定大業之舞)의 첫 동작인 곡진(曲陣)의 기원이 구름무늬에 들었다가 풀잎의 눈으로 깨어나는 상황을 알게 된 것이다.

화자는 새들과 개울물과 배롱나무와 풀잎이 바람 및 시간과 함께하는 모습을 바라보면서도 나아갈 길을 못 정하고 있다. "운문은 산문에 들고/구름은 구름문에" 드는데 어떤 길에 들어야 할지, "아직도 나는 길 위에서 서성이"고 있다고 토로한다. 화자가 망설이는 모습은 유한한 존재자이지만 이성적인 존재자로서 갖는 고민이기에 이해할 수 있다.

>수수행 중인 물고기 떼
>너덜겅 비늘을 달고
>석어(石魚)의 아가미로
>바람의 문을 여닫네
>
>하늘길 가는 낮달 따라
>흔들리며 걷는 나무
>
>흔드는 바람의 경전에

생이 목말라 손을 비비네

바람이 돌을 두드리면
통 통 통 튀는 돌의 노래에
만 갈래의 소리 지느러미를 타고
저물녘 바다로 흘러가네

하늘 문 여닫는

만어사 풍경 소리
만어사 독경 소리
　　　　―「만 갈래의 소리 지느러미를 타고」 전문

　위의 작품의 화자는 "만어사"의 처마 끝에 달려 있는 "풍경"을 "수행 중인 물고기 떼"로 비유한다. 그 물고기들이 "너덜겅 비늘을 달고/석어(石魚)의 아가미로/바람의 문을 여닫"는다. 화자는 석어가 바람이 움직이는 대로 따르며 문을 여닫는 것을 주시한다. "하늘길 가는 낮달 따라/흔들리며 걷는 나무"도, "흔드는 바람의 경전에/생이 목말라 손을 비비"는 것도 바라본다.

　"바람이 돌을 두드리면/통 통 통 튀는 돌의 노래에/만 갈래의 소리 지느러미를 타고/저물녘 바다로 흘러가"듯이 바람의 역할은 지대하다. 바람은 우주의 모든 존재와 함께한다. 바람은 식물의 씨를 틔우기도 하고, 열매를 맺기도 하고, 열매를 단 그 나무를 부러뜨리거나 뽑기도 한다. 바람은 시간의 화신으로 눈에 보이지 않지만, 분명 손을 가졌다. 화자는 그 바람이 "하늘 문 여닫는" "만어사 풍경 소리"를 듣는다. 풍경이 바람의 길을 따라 하늘의 문 여는 모습을 확인하는 것이다.

> 장항리사지 쌍탑 마주 서서 걷습니다
> 바람이 탑을 돌다 갑니다
>
> 시간이 삶에 주름을 넣으면
> 탑은 시간의 무늬를 새깁니다
>
> 나무는 평생을 서서 걷습니다
> 꽃은 허공에 매달려 순간을 새깁니다
>
> 구름이 토함산 기슭에 머물다 갑니다
> 무게 없는 잠을 달고 꽃잎이 떨어집니다
>
> 문이 시간을 엽니다
> 돌이 문을 닫습니다
>
> 돌이 문고리를 답니다
> 탑이 문고리를 당깁니다
>
> 바람이 탑을 돌다 갑니다
> 장항리사지 쌍탑 마주 보며 걷습니다
> ―「문비 앞에서」 전문

위의 작품의 "문비"는 문비(門扉)로 문틀이나 창틀에 끼워서 여닫는 문이나 창이기도 하고, 문비(門神)로 정월 초하루에 악귀를 막으려고 대문에 붙이는 신장(神將)의 그림이기도 하다. 어느 경우든 작품의 맥락과 연결되는데, 화자는 그 앞에서 "장항리사지 쌍탑 마주 서서 걷"는 것과 "바람이 탑을 돌다" 가는 모습을 바라본다.

화자는 "시간이 삶에 주름을 넣"듯이 "탑은 시간의 무늬를 새"기는 것을 알게 된다. 이 세계의 존재자와 시간이 공동체적 운명임을 깨달은 것이다. "나무는 평생을 서서 걷"고, "꽃은 허공에 매달려 순간을 새"기는 것에서도 마찬가지이다. "구름이 토함산 기슭에 머물다" 가는 것에서도, "무게 없는 잠을 달고 꽃잎이 떨어"지는 것에서도 그러하다.

화자는 그 모습들 앞에서 "문이 시간을" 여는 것을 발견한다. 바람이 문을 열고, 시간이 문을 열듯이, 문도 시간을 여는 존재자임을 자각하는 것이다. "돌이 문을 닫"지만, 문은 시간을 여는 것을 멈추지 않는다. "돌이 문고리를" 달아도 마찬가지이다. 문과 일체인 "탑이 문고리를 당"기는 것이다. 문과 시간과 바람은 결코 분리될 수 없는 존재자들이다. 그리하여 시간을 따라 "바람이 탑을 돌다" 가고, "장항리사지 쌍탑 마주 보며 걷"는다.

    숨소리가 잔다
    팽팽한 긴장이 안에서 밖을 본다

팔랑거리는 꽃잎이 부르지만
시간이 멈추고 내 호흡도 멈춘다
산에 걸터앉은 노을
바람이 낸 길을 따라 가버렸다
언젠가 나누었던 물음표는
유리 집에서 항아리 옷을 입었다
층과 층 사이가 낯설고
그림자 없는 흔적, 적막을 덧칠한다
백자 항아리가 끌고 가는
은빛 머리 낡은 양복이 헛기침을 하며
셀로판지처럼 빛났다
열 수 없는 유리문에
자식들 이름표로 각주를 달았다
시간 속에 기억들이 가라앉고
사각 틀 속에서 웃고 있는 아버님
10534로 붙인 문에 마침표를 단다
　　　　　　―「충령당에서― 영천호국원」 전문

　국립영천호국원은 국가와 사회를 위하여 희생하고 공헌한 국가유공자를 안장하고 그 충의의 정신을 기리고 선양하기 위하여 2001년 개원해서 2006년 국립묘지로 승격했다. 충령당 제1관은 2008년 개관했고, 2025년 현재 제3관이 개관되어 있다.[3]
　위의 작품의 화자는 영천호국원에 안치된 "아버님"을 찾

3　국립영천호국원 사이트(https://www.mpva.go.kr/ycnc/contents.do?key=518)

아갔는데, "숨소리가 잔다"고 느낀다. 당신의 의식 활동이 완전히 눈을 감고 있다고 여겨지는 것이다. 그런데도 화자는 "팽팽한 긴장이 안에서 밖을 본다"라고 느낀다. 밀도 높은 당신의 시간이 화자를 끌어당기는 것으로, "팔랑거리는 꽃잎이 부르지만" "시간이 멈추고 내 호흡도 멈춘다"라고 감각하는 것이다.

화자는 그 상태에서 "산에 걸터앉은 노을"이 "바람이 낸 길을 따라 가버렸다"고 생각한다. 당신과의 관계가 비로소 단절되었다고 인식하는 것이다. 그렇게 마음을 정하자 언젠가 당신과 나누었던 "물음표는/유리 집에서 항아리 옷을 입"은 상태가 되고, "층과 층 사이가 낯설고/그림자 없는 흔적, 적막을 덧칠한다".

화자는 "백자 항아리가 끌고 가는/은빛 머리 낡은 양복이 헛기침을 하며/셀로판지처럼 빛"나는 당신을 임의로 소멸시키지 못한다. 그렇지만 당신과의 인연이 연기(緣起)로 생겨났기에 연기가 사라지면 인연도 소멸한다고 생각한다. 아버님이라는 호칭은 자성을 지닌 존재가 아니기에 실체가 존재하지 않으면 사라질 수밖에 없는 것이다. 화자는 그것을 인정하고 "열 수 없는 유리문에/자식들 이름표로 각주를" 단다. 그렇게 하자 "시간 속에 기억들이 가라앉"는다. 비록 당신은 "사각틀 속에서 웃고 있"지만, "10534로 붙인 문에 마침표"가 찍히는 것이다.

4.

책 속에 꽃이 발견되었다
책을 읽으며 꽃밭을 지났을 때
금강초롱 틈새로 뛰어들고
책은 문을 닫았다

분홍빛 울음을 토하며
종이처럼 얇아지는 동안
꽃은 피를 말리고

계절이 계절을 덮고
시간의 어둠에 갇혔다고 생각하는

책갈피 사이
글의 생각과 엉켜 있는 꽃의 얼굴

무게에 눌려 살다 죽은 생이
다시 꽃이 되는 것이라면
비유가 아닌 시간 그대로
나 다시 태어났으면 하고 생각하는

책갈피 사이
책의 생각과 누워 있는 꽃의 얼굴

책의 꽃!

—「압화」 전문

위의 작품의 화자는 "책 속에 꽃이" 있는 것을 발견한다. 그 꽃은 "책을 읽으며 꽃밭을 지났을 때/금강초롱 틈새로 뛰어들"어 딴 것이었다. 화자가 그 꽃을 책에 넣자, "책은 문을 닫았다". 그 뒤 책갈피에 끼워진 꽃은 "분홍빛 울음을 토하며/종이처럼 얇아"져갔다. 그러는 동안 "꽃은 피를 말"렸고, "계절이 계절을 덮고/시간의 어둠에 갇혔다".

화자는 "책갈피 사이"에서 "글의 생각과 엉켜 있는 꽃의 얼굴"을 떠올린다. 그리고 "무게에 눌려 살다 죽은 생이/다시 꽃이 되는 것이라면" 얼마나 좋을까 하고 자기의 행동을 반성하며 안타까워한다. 아울러 화자는 "비유가 아닌 시간 그대로" 자기도 "다시 태어났으면 하고 생각"한다. 그 희망은 이루어질 수 없는 일이지만, 화자는 시간의 소멸을 받아들이지 않는다.

화자는 "책갈피 사이/책의 생각과 누워 있는 꽃의 얼굴"을 다시 바라본다. 거기에 "책의 꽃"이 피어 있는 것을 발견한다. 꽃이 시간에 따라 존재성을 상실할 정도로 마멸되었지만, 화자의 마음속에 붉게 피어 있는 것이다. 화자는 그 꽃에 동화되어 자기의 재생을 포기하지 않는다.

　　기억이란
　　볼 수도 만질 수도 없는 것

　　상고의 시간이

하얀 눈꽃을 입고 간다면
　　나는 일각고래의 뿔을 달고
　　빙하의 시간을 건너가고 싶다

　　　　　　　　　　　　　　―「얼음꽃」 부분

　위의 작품의 화자는 겨울 산을 오르다가 고사목이 발목을 잡자 걸어온 자리에 얼어붙는다. 계절 밖으로 달아나던 나무였는데, 어느덧 바람이 눈꽃 잎을 흩뿌리는 상황에 놓여 있다. 화자는 그 자리에서 "기억이란/볼 수도 만질 수도 없는 것"이라고 자각한다. 그리하여 아주 오랜 옛날인 그 "상고의 시간이/하얀 눈꽃을 입고 간다면" 북극 지방에 분포한 "일각고래의 뿔을 달고/빙하의 시간을 건너가고 싶"어 한다. 지나간 시간을 회복할 수 없지만, 시간 자체를 소멸하지 않은 것으로, 곧 시간을 법(法)이라고 인식한다. 법은 진리이지만, 불변하고 영속하는 존재가 아니라 공(空)이 본질이다. 법은 인연에 따라 연기로 나타나는 것이다.

　법이 화자의 마음속에 있기에 의지는 굳지만 요란하지 않다. 속도감이 있지만 허둥대지 않고, 긴장감을 가지지만 흥을 잃지 않는다. 외적 환경에 영향받지만 종속되지 않고, 경험의 세계를 넘어서지만 현실적이고 실제적이다.

　화자는 이 세계의 문 앞에 서서 선한 세계와 악한 세계, 아름다운 세계와 추한 세계, 깨끗한 세계와 더러운 세계, 밝은 세계와 어두운 세계, 추운 세계와 온기의 세계 등을 바라본다. 어느 세계이든 손으로 만질 수 없지만, 시간이 움직이면 물결이 이는 것을 볼 수 있다. 화자는 그 문을 열고 연기에 의해 이루어진 한순간을 영원한 것으로 삼는다. 시간에 집착하지 않으면서 벽 같은 문을 열고, 주체적인 언어로 인연의 존재자들에게 사랑의 이름을 부여하는 것이다.

孟文在 | 문학평론가 · 안양대 교수

푸른사상 시선

1. **광장으로 가는 길** | 이은봉·맹문재 엮음
2. **오두막 황제** | 조재훈
3. **첫눈 아침** | 이은봉
4. **어쩌다가 도둑이 되었나요** | 이봉형
5. **귀뚜라미 생포 작전** | 정원도
6. **파랑도에 빠지다** | 심인숙
7. **지붕의 등뼈** | 박승민
8. **살찐 슬픔으로 돌아다니다** | 송유미
9. **나를 두고 왔다** | 신승우
10. **거룩한 그물** | 조항록
11. **어둠의 얼굴** | 김석환
12. **영화처럼** | 최희철
13. **나는 너를 닮고** | 이선형
14. **철새의 일인칭** | 서상규
15. **죽은 물푸레나무에 대한 기억** | 권진희
16. **봄에 덧나다** | 조혜영
17. **무인 등대에서 휘파람** | 심창만
18. **물결무늬 손뼈 화석** | 이종섶
19. **맨드라미 꽃눈** | 김화정
20. **그때 나는 학교에 있었다** | 박영희
21. **달함지** | 이종수
22. **수선집 근처** | 전다형
23. **족보** | 이한걸
24. **부평 4공단 여공** | 정세훈
25. **음표들의 집** | 최기순
26. **나는 지금 운전 중** | 윤석산
27. **카페, 가난한 비** | 박석준
28. **아내의 수사법** | 권혁소
29. **그리움에는 바퀴가 달려 있다** | 김광렬
30. **올랜도 간다** | 한혜영
31. **오래된 숯가마** | 홍성운
32. **엄마, 엄마들** | 성향숙
33. **기룬 어린 양들** | 맹문재
34. **반국 노래자랑** | 정춘근
35. **여우비 간다** | 정진경
36. **목련 미용실** | 이순주
37. **세상을 박음질하다** | 정연홍
38. **나는 지금 외출 중** | 문영규
39. **안녕, 딜레마** | 정운희
40. **미안하다** | 육봉수
41. **엄마의 연애** | 유희주
42. **외포리의 갈매기** | 강 민
43. **기차 아래 사랑법** | 박관서
44. **괜찮아** | 최은묵
45. **우리집에 왜 왔니?** | 박미라
46. **달팽이 뿔** | 김준태
47. **세온도를 그리다** | 정선호
48. **너덜겅 편지** | 김 완
49. **찬란한 봄날** | 김유섭
50. **웃기는 짬뽕** | 신미균
51. **일인분이 일인분에게** | 김은정
52. **진뫼로 간다** | 김도수
53. **터무니 있다** | 오승철
54. **바람의 구문론** | 이종섶
55. **나는 나의 어머니가 되어** | 고현혜
56. **천만년이 내린다** | 유승도
57. **우포늪** | 손남숙
58. **봄들에서** | 정일남
59. **사람이나 꽃이나** | 채상근
60. **서리꽃은 왜 유리창에 피는가** | 임 윤
61. **마당 깊은 꽃집** | 이주희
62. **모래 마을에서** | 김광렬
63. **나는 소금쟁이다** | 조계숙
64. **역사를 외다** | 윤기묵
65. **돌의 연가** | 김석환
66. **숲 거울** | 차옥혜
67. **마네킹도 옷을 갈아입는다** | 정대호
68. **별자리** | 박경조
69. **눈물도 때로는 희망** | 조선남
70. **슬픈 레미콘** | 조 원
71. **여기 아닌 곳** | 조항록
72. **고래는 왜 강에서 죽었을까** | 제리안
73. **한생을 톡 토독** | 공혜경
74. **고갯길의 신화** | 김종상
75. **고개 숙인 모든 것** | 박노식
76. **너를 놓치다** | 정일관
77. **눈 뜨는 달력** | 김 선
78. **거꾸로 서서 생각합니다** | 송정섭

79 **시절을 털다** | 김금희
80 **발에 차이는 돌도 경전이다** | 김윤현
81 **성규의 집** | 정진남
82 **번함 공원에서 점을 보다** | 정선호
83 **내일은 무지개** | 김광렬
84 **빗방울 화석** | 원종태
85 **동백꽃 편지** | 김종숙
86 **달의 알리바이** | 김춘남
87 **사랑할 게 딱 하나만 있어라** | 김형미
88 **건너가는 시간** | 김황흠
89 **호박꽃 엄마** | 유순예
90 **아버지의 귀** | 박원희
91 **금왕을 찾아가며** | 전병호
92 **그대도 내겐 바람이다** | 임미리
93 **불가능을 검색한다** | 이인호
94 **너를 사랑하는 힘** | 안효희
95 **늦게나마 고마웠습니다** | 이은래
96 **버릴까** | 홍성운
97 **사막의 사랑** | 강계순
98 **베트남, 내가 두고 온 나라** | 김태수
99 **다시 첫사랑을 노래하다** | 신동원
100 **즐거운 광장** | 백무산 · 맹문재 엮음
101 **피어라 모든 시냥** | 김자흔
102 **염소와 꽃잎** | 유진택
103 **소란이 환하다** | 유희주
104 **생리대 사회학** | 안준철
105 **동태** | 박상화
106 **새벽에 깨어** | 여국현
107 **씨앗의 노래** | 차옥혜
108 **한 잎** | 권정수
109 **촛불을 든 아들에게** | 김창규
110 **얼굴, 잘 모르겠네** | 이복자
111 **너도꽃나무** | 김미선
112 **공중에 갇히다** | 김덕근
113 **새점을 치는 저녁** | 주영국
114 **노을의 시** | 권서각
115 **가로수의 수학 시간** | 오새미
116 **염소가 아니어서 다행이야** | 성향숙
117 **마지막 버스에서** | 허윤설
118 **장생포에서** | 황주경
119 **흰 말채나무의 시간** | 최기순

120 **을의 소심함에 대한 옹호** | 김민휴
121 **격렬한 대화** | 강태승
122 **시인은 무엇으로 사는가** | 강세환
123 **연두는 모른다** | 조규남
124 **시간의 색깔은 자신이 지향하는 빛깔로 간다** | 박석준
125 **뼈의 노래** | 김기홍
126 **가끔은 길이 없어도 가야 할 때가 있다** | 정대호
127 **중심은 비어 있었다** | 조성웅
128 **꽃나무가 중얼거렸다** | 신준수
129 **헬리패드에 서서** | 김용아
130 **유랑하는 달팽이** | 이기헌
131 **수제비 먹으러 가자는 말** | 이명윤
132 **단풍 콩잎 가족** | 이 철
133 **먼 길을 돌아왔네** | 서숙희
134 **새의 식사** | 김옥숙
135 **사북 골목에서** | 맹문재
136 **왜 네가 아니면 전부가 아닌지** | 정운희
137 **멸종위기종** | 원종태
138 **프엉꽃이 데려온 여름** | 박경자
139 **물소의 춤** | 강현숙
140 **목포, 에말이요** | 최기종
141 **식물성 구체시** | 고 원
142 **꼬치 아파** | 윤임수
143 **아득한 집** | 김정원
144 **여기가 막장이다** | 정연수
145 **곡선을 기르다** | 오새미
146 **사랑이 가끔 나를 애인이라고 부른다** | 서화성
147 **더글러스 퍼 널빤지에게** | 백수인
148 **나는 누구의 바깥에 서 있는 걸까** | 박은주
149 **풀이라서 다행이다** | 한영희
150 **가슴을 재다** | 박설희
151 **나무에 기대다** | 안준철
152 **속삭거려도 다 알아** | 유순예
153 **중딩들** | 이봉환
154 **수평은 동무가 참 많다** | 김정원
155 **황금 언덕의 시** | 김은정
156 **고요한 세계** | 유국환
157 **마스카라 지운 초승달** | 권위상
158 **수궁가 한 대목처럼** | 장우원
159 **목련 그늘** | 조용환

160 **그대라면, 무슨 부탁부터 하겠는가** | 박경조
161 **동행** | 박시교
162 **광부의 하늘이 무너졌다** | 성희직
163 **천년에 아흔아홉 번** | 김려원
164 **이별 후에 동네 한 바퀴** | 이인호
165 **무릉별유천지 사람들** | 이애리
166 **오늘의 지층** | 조숙향
167 **오른쪽 주머니에 사탕 있는 남자 찾기** | 김임선
168 **소리들** | 정 온
169 **울음의 기원** | 강태승
170 **눈 맑은 낙타를 만났다** | 함진원
171 **도살된 황소를 위한 기도** | 김옥성
172 **그날의 빨강** | 신수옥
173 **의지와 표상으로서의 세계이니** | 박석준
174 **촛불 하나가 등대처럼** | 윤기묵
175 **목을 꺾어 슬픔을 죽이다** | 김이하
176 **미시령** | 김 림
177 **소나무 방정식** | 오새미
178 **골목 수집가** | 추필숙
179 **지워진 길** | 임 윤
180 **달이 파먹다 남은 밤은 캄캄하다** | 조미희
181 **꽃도 서성일 시간이 필요하다** | 안준철
182 **안산행 열차를 기다린다** | 박봉규
183 **읽기 쉬운 마음** | 박병란
184 **그림자를 옮기는 시간** | 이미화
185 **햇볕 그 햇볕** | 황성용
186 **내가 지켜내려 했던 것들이 나를 지키고** | 김용아
187 **신을 잃어버렸어요** | 이성혜
188 **웃음과 울음 사이** | 윤재훈
189 **그 길이 불편하다** | 조혜영
190 **귤과 달과 그토록 많은 날들 속에서** | 홍순영
191 **버려진 말들 사이를 걷다** | 봉윤숙
192 **나는 그를 지우지 못한다** | 정원도
193 **시인 안에 북적이는 찌꺼기들** | 최일화
194 **세렝게티의 자비** | 전해윤
195 **고양이의 저녁** | 박원희
196 **고요한 세상의 쓸쓸함은 물밑 한 뼘 어디쯤일까** | 금시아
197 **순포라는 당신** | 이애리
198 **고요한 노동** | 정세훈
199 **별** | 정일관
200 **시간의 색깔은 꽃나무처럼 환하다** | 백무산·맹문재 엮음
201 **꽃에 쏘였다** | 이혜순
202 **우수와 오수 사이** | 이 윤
203 **열렬한 심혈관** | 양선주
204 **머문 날들이 많았다** | 박현우
205 **죄의 바탕과 바다** | 강태승
206 **곰팡이도 꽃이다** | 윤기묵
207 **지팡이는 자꾸만 아버지를 껴입어** | 이혜민
208 **진뫼 오리길** | 김도수
209 **연하리를 닮다** | 정유경
210 **체위에 관한 질문** | 박미현
211 **고 씨의 평미레** | 이주희
212 **숲속 헌책방에서** | 강최현숙
213 **부서지는 방식** | 이지우
214 **등 속의 집** | 송기흥
215 **구름 사내** | 주영국
216 **개미는 노동으로 외로운 문을 연다** | 오기화
217 **밀물의 숲** | 박미영
218 **너는 오월로 서 있다** | 이효복
219 **시로 쓴 생물도감** | 원종태

소리를 접어 바람의 노래를 불러요

조정숙 시집